L'ABBÉ

PIERRE-PAUL MONNIER

Curé de Corme-Ecluse

SA VIE ET SES ŒUVRES

RODEZ

IMPRIMERIE H. DE BROCA, BOULEVARD SAINTE-CATHERINE, 1.

1887

PRÉFACE

Nous n'avons pas l'intention d'offrir à nos lecteurs un ouvrage de longue haleine sur le vénéré pasteur dont, à grands traits, nous venons d'esquisser la vie. Les biographies abondent, et les plus intéressantes dorment parfois dans la poussière de nos bibliothèques. Notre but a été de perpétuer le souvenir de celui que nous avions aimé et chéri, de le rappeler à la mémoire de ses amis, nombreux dans les différents diocèses où il a passé, et aussi, le dirons-nous, de développer le culte de Marie, dont M. Monnier avait été un des plus ardents propagateurs.

Nous remercions ici les personnes qui nous ont donné différents détails sur la vie du regretté curé de Corme-Ecluse, et qui ont collaboré à ces notes écrites à la hâte, et sous le coup d'une impression bien sentie et trop sensible. Elles retrouveront dans ces quelques lignes l'écho fidèle de ce qu'elles ont vu ou entendu, et nous espérons que leur amour pour Notre-Seigneur et la Vierge de Corme augmentera à mesure que seront connues la foi des peuples et les faveurs obtenues de sa puissante intercession.

LA VIE ET LES ŒUVRES

DE

L'ABBÉ P.-P. MONNIER

CHAPITRE PREMIER

Ses premières années. — Sa jeunesse.

L'abbé Monnier naquit à la Falgouse, petit village des montagnes de la Lozère, situé sur le territoire de Saint-Pierre-de-Nogaret.

Sa famille eut l'honneur de donner durant des siècles plusieurs saints prêtres à l'Eglise. Son grand-père, homme instruit et foncièrement chrétien, et l'un des plus riches propriétaires de la contrée, épousa, en 1761, d'une famille respectable à tous égards et qui avait aussi fourni de dignes prêtres, Madeleine Gély des Hermeaux, dont le proche parent, Antoine Gély de la Blatte, curé de Barjac, devait être martyrisé le 27 juillet 1794.

Ils eurent huit enfants qu'ils élevèrent dans l'amour et la crainte de Dieu. Paul, leur aîné, reçut, selon l'usage du pays à cette époque, la moitié des biens de ses parents.

Au cadet Pierre échut la maison paternelle. Il épousa Marie-Anne Charrié, de Born (Aveyron), d'une famille recommandable par ses principes religieux. Huit enfants vinrent successivement embellir leur foyer et alimenter leur tendresse.

Le premier vint au monde le 18 décembre 1811. Il fut baptisé le lendemain, et reçut les prénoms de Pierre-Paul, en souvenir de Pierre Monnier, nommé vicaire de Saint-Pierre-de-Nogaret, le 24 juin 1670, et de Paul Monnier, également vicaire de la même paroisse de 1741 à 1751.

Dieu, qui avait des vues particulières sur cet enfant, lui donna une mère profondément chrétienne.

« Il est à remarquer, dit à ce propos un » auteur contemporain, que toutes les belles » intelligences, tous les nobles cœurs, tous les » hommes d'un génie pur, ont eu près de leur » berceau une mère chrétienne, un de ces anges » de la terre, au front calme et doux, qui » apprennent à croire, à aimer et à bénir. »

L'illustre évêque d'Hippone, saint Augustin, dans le livre de ses *Confessions*, a rendu hommage à la piété de sa mère : « Recevez, Seigneur, » écrit-il, mes actions de grâces, pour tous les » bienfaits dont vous m'avez comblé ! Ils sont » trop nombreux pour que je les rappelle tous ; » mais, puis-je taire les senntiments de mon » cœur quand je songe à ma mère ? Ce n'était » pas assez de m'avoir enfanté selon la chair, » à la vie de ce monde ; elle m'a encore enfanté » spirituellement à la lumière éternelle. »

Le souvenir de sa mère s'était également gravé dans l'âme de l'abbé Monnier, et les larmes lui venaient aux yeux quand il rappelait les premiers mots qu'elle lui avait appris à prononcer : Jésus, Marie — noms bénis qui tombèrent de ses lèvres avec son dernier soupir.

« Ma mère, disait-il souvent, m'apprit de » bonne heure à fuir le péché comme le ser- » pent... Que de fois elle m'a répété les paroles » de Blanche de Castille à son royal fils !... »

Le père de M. Monnier avait une de ces âmes fortement trempées, qui mettent en première ligne les intérêts de Dieu et de l'Eglise. Pour sa religion il aurait tout donné, même son sang, et ce sacrifice n'eût pas coûté à son amour.

C'est dire tout le soin que ce chrétien d'un autre âge dut prendre de l'âme de ses enfants. Le premier livre qu'il mit entre les mains de son fils Pierre-Paul, traitait exclusivement de la Passion du divin Sauveur, et cette lecture quotidienne porta les fruits qu'il en attendait.

Il apprit lui-même à son enfant à tenir une plume et lui enseigna les éléments de la grammaire, du calcul, de la géographie et surtout de l'histoire sainte. Les progrès de l'enfant, son goût pour l'étude et sa piété naissante déterminèrent ses parents à le confier, tout jeune encore, à M. l'abbé Ginestes, vicaire de Saint-Pierre-de-Nogaret, prêtre d'une grande vertu et d'un caractère plein d'énergie. Il eut bientôt apprécié les qualités de son jeune élève, qui conquit rapidement l'affection de son maître par une conduite vraiment exemplaire.

L'enfance a besoin d'encouragements et de récompenses. M. l'abbé Ginestes comblait les vœux du jeune Pierre-Paul en lui permettant, de temps en temps, de servir la messe dans la chapelle de Nogaret.

C'est dans cette chapelle, dédiée à la sainte Vierge, que ses parents l'avaient voué à la Reine des Anges, quelques jours après sa naissance. Les douces émotions qui avaient souvent fait tressaillir son cœur dans cet humble sanctuaire, ne s'effacèrent jamais de sa mémoire. On l'a entendu dire dans ses dernières années : « J'aimais à servir la sainte messe dans la » chapelle de Nogaret, et je crois que c'est là,

» au pied de la statue de la bonne Vierge, que » j'ai puisé ma vocation au sacerdoce. »

M. l'abbé Ginestes sut entretenir et développer dans le cœur de son élève un ardent amour envers Marie, amour qui a fécondé ses actions et mûri ses œuvres de zèle.

Son instruction religieuse, son jugement précoce et sa tendre piété, permirent de l'admettre à la première communion avant l'âge requis. Déjà, le tabernacle l'attirait... Jésus-Hostie avait fait la conquête de ce cœur d'enfant, impatient de lui offrir les prémices de sa tendresse.

Lorsque Dieu veut donner un membre de plus à la grande famille sacerdotale, il prend dans son cœur une flèche et il la jette dans le cœur d'un enfant. C'est la vocation ecclésiastique. Cette flèche ira où il veut qu'elle aille, elle fera la blessure qu'il veut qu'elle fasse. Ce blessé pourra résister à l'appel de Dieu et porter éternellement attaché à son flanc le dard divin, mais sa blessure *ne se fermera* jamais.

C'est le jour de sa première communion que le cœur du jeune Pierre-Paul fut transpercé par la flèche divine. Une soif dévorante s'alluma dans son âme : Aimer Jésus, le faire aimer, tel sera le but qu'il poursuivra jusqu'au dernier soupir.

Pierre-Paul dut alors, pour compléter son

instruction, entrer au collège de Saint-Geniez-d'Olt (Aveyron), où son père avait fait lui-même de très bonnes classes.

Un an passé à Saint-Geniez suffit pour lui gagner l'estime de ses maîtres et l'affection de ses condisciples.

C'est alors que son père, voyant sa vocation au sacerdoce se dessiner de plus en plus, l'envoya au collège ecclésiastique de Marvejols (Lozère), dirigé par M. Avit, l'un des prêtres les plus éminents du diocèse, et qui, incarcéré en 93, n'échappa à la guillotine que par miracle. Sous la direction ferme et toute paternelle d'un tel directeur, le jeune Monnier ne pouvait manquer de faire de fortes études, et d'affermir ses pas dans le sentier des plus hautes vertus.

Un de ses condisciples lui a rendu ce beau témoignage :

« On ne le vit jamais au collège de Marvejols
» se familiariser avec les jeunes gens dont la
» conduite laissait à désirer. Il se fit un petit
» groupe d'amis bien choisis et il en devint
» l'âme. Toujours prêt à rendre service, à
» prendre le parti du faible, il aidait souvent
» un camarade à surmonter une difficulté dans
» ses devoirs de classe, et lui donnait avec
» modestie une répétition au besoin. Sa piété
» était solide, constante, sans singularité, sans

» affectation ; son chapelet ne le quittait jamais,
» c'était son arme de défense. Sa physionomie
» était ouverte, elle respirait la gaieté et la
» paix de son âme, son regard était affable et
» son coup-d'œil appréciateur.

» C'était un ami sincère et dévoué, un con-
» seiller sûr ; je n'ai reçu de lui que de bons
» exemples et d'excellents avis. Il savait éviter
» tout ce qui ne s'accordait pas avec l'honneur
» et le devoir. D'un caractère vif, il savait se
» faire violence, et avait appris de bonne heure
» à commander à ses impressions. Par la force
» de son caractère, par la patience et la cons-
» tance, il surmontait les obstacles et arrivait
» à son but. Doué d'une force physique remar-
» quable, il n'en faisait pas parade. Il détestait
» la flatterie, et aimait la franchise chez lui et
» dans les autres. Ses professeurs l'aimaient
» et M. Avit lui donnait sa confiance. Plusieurs
» fois, ses condisciples lui furent reconnaissants
» d'avoir plaidé leur cause, sans s'en faire un
» mérite. Dans ses dernières années au collège,
» une personne, amie de sa famille, mit à sa
» disposition la bibliothèque de feu M. Chaleil,
» curé de Marvejols ; il en profita pour étendre
» ses connaissances et orner son esprit ; sa
» mémoire le favorisait. »

Pendant les vacances, il aimait, pour délasser son esprit, à se livrer avec une incroyable ardeur aux travaux des champs. Les meilleurs faucheurs l'admiraient et lui cédaient le pas. Le soir, en quittant les prés, Pierre-Paul récitait le chapelet et les journaliers dont il était très aimé lui répondaient. Devant lui, personne ne se permettait la plus légère plaisanterie déplacée. Tous s'inclinaient avec respect devant la vertu de ce jeune homme, qui exerçait déjà un mystérieux ascendant sur tous ceux qui l'approchaient. Après les fenaisons et le dépiquage des grains, il reprenait ses livres et se familiarisait un peu avec les auteurs qu'il devait étudier l'année suivante.

C'est alors que le démon tenta de détourner de Dieu cette âme qui méprisait déjà profondément les biens de la terre. Le danger se présenta à lui sous la figure d'une jeune personne, riche, belle, instruite, qui mit tout en œuvre pour gagner son cœur et se l'attacher pour toujours.

Pour échapper aux pièges qui lui furent tendus, il lui fallut ce courage extraordinaire que le bon Dieu prête à tous ceux qu'il appelle au sacerdoce.

Malgré sa haute piété, son père n'eût pas été fâché de conserver près de lui ce fils chéri pour en faire le soutien de sa maison et le bâton de sa vieillesse, mais à chaque tentative, Pierre-Paul répondait toujours : « Je vous aime, mon

» père, et je voudrais mourir pour vous en » donner la preuve, mais j'aime Dieu plus que » vous... Or, Dieu m'appelle, dois-je lui » résister ?... »

— « Non, mon fils, vous êtes à Dieu plus » qu'à moi, que sa sainte volonté s'accom- » plisse !... »

Ses classes terminées à Marvejols, il alla faire sa philosophie au petit séminaire de Mende. Il reçut l'hospitalité chez un intime ami de la famille, son premier maître, M. l'abbé Ginestes, devenu aumônier de l'hospice de cette ville. C'est là qu'un riche propriétaire, charmé des qualités du jeune étudiant, lui proposa la main de sa nièce, avec toute sa fortune, qui était considérable. Il repoussa cette proposition, et, pour se dérober à de nouvelles sollicitations, il rompit avec le tentateur.

Sa philosophie terminée, il entra au grand séminaire.

Voici le règlement qu'il se traça :

RÈGLEMENT PARTICULIER

Ad Jesum per Mariam.

Je ne dois pas oublier que je suis au séminaire pour deux fins : pour acquérir la science et les vertus nécessaires à l'état ecclésiastique. Je partagerai donc mon temps entre l'étude et les exercices de piété.

Tous les exercices de piété prescrits par le règlement général, je les ferai toujours sans en omettre la plus petite partie, dans le temps, le lieu et de la manière indiqués.

Quant à ce qui n'est pas prescrit par le règlement général, je le ferai dans l'ordre que je vais établir :

1° Je ferai la sainte communion toutes les fois que mon directeur me le conseillera ;

2° Je me mettrai en la présence de Dieu un moment avant de commencer mes prières et je tâcherai de n'en jamais perdre de vue le motif. A la fin, je demanderai pardon à Dieu des fautes échappées pendant l'oraison, et je le remercierai des grâces qu'il m'aura accordées. J'observerai la même pratique après chaque action, sans l'omettre jamais ;

3° Au commencement de l'étude du matin, je lirai un chapitre de l'Imitation de N.-S. J.-C. et je n'étudierai que la théologie.

A l'étude de 10 heures 1/2, je lirai un chapitre de l'Introduction à la vie dévote ou du Combat spirituel, et je me livrerai à l'étude de l'histoire ecclésiastique ;

4° Dans mon examen particulier, je chercherai à me connaître, et je prendrai tous les jours des résolutions pour pratiquer l'humilité et me détacher des créatures, jusqu'à ce que mon directeur m'ordonne de changer de sujet ;

5° En allant au réfectoire, je n'oublierai jamais que je vais prendre mes repas en présence de la Sainte-Famille, et j'y pratiquerai toutes les mortifications approuvées par mon directeur ;

6° Pendant la récréation, je regarderai mes condisciples comme des frères, et je les aimerai comme tels pour l'amour de N.-S. J.-C. J'éviterai avec soin de parler de moi et de mon prochain ;

7° J'emploierai l'étude d'après-midi à la théologie et celle du soir à la lecture et à la méditation de l'Ecriture-Sainte ;

8° Avant de prendre mon repos, je ferai mes prières ordinaires, puis j'aurai soin de déterminer le sujet d'oraison du lendemain, et dans mon lit, si le sommeil tarde à venir, je repasserai les matières que j'aurai vues pendant la journée.

DÉTAILS PERSONNELS.

1° Je ferai mes prières sans contention d'esprit, me tenant en la présence de Dieu, sans jamais perdre de vue le motif de ma prière, je regretterai les distractions avec calme, et j'attendrai à la fin de mon oraison pour en demander pardon à Dieu ;

2° Deux jours de la semaine seront employés à rendre des actions de grâces à Dieu pour tous les bienfaits qu'il m'a accordés ; je choisirai pour cela les jours où j'aurai le bonheur de posséder Dieu dans mon cœur ;

3° Deux autres jours seront employés à lui demander pardon de mes fautes ;

4° Deux autres jours seront employés à solliciter les grâces dont j'ai le plus grand besoin, particulièrement, un profond amour pour l'adorable Cœur de Jésus et pour le Cœur immaculé de Marie, une grande humilité et une grande charité ;

5° Le septième jour je rentrerai en moi-même pour voir si j'ai bien correspondu à la grâce, pendant la semaine. Je prendrai pour cette révision le jour indiqué par mon directeur ;

6° Je n'oublierai pas, avant de prendre mon repos, de faire quelques prières pour le soulagement des âmes du Purgatoire. Je gagnerai à leur intention toutes les indulgences possibles, afin qu'à mesure que je perdrai mes amis sur la terre, je puisse m'en faire d'autres dans le Ciel ;

7° Je ferai mon possible pour me tenir continuellement en la présence de Dieu, et me supposant toujours à côté de Jésus-Christ, je serai content et me réjouirai dans le Seigneur. Dans les peines et les contradictions, mon refuge sera le cœur de Jésus. Je répéterai souvent le mot de saint Bernard : *Ad quid venisti?* Qu'es-tu venu faire ici ? Me sanctifier pour sanctifier un jour les autres.

Je lirai ce règlement une fois par semaine.

CHAPITRE II

Son arrivée au grand Séminaire de La Rochelle. — Son vicariat à Marans. — Son arrivée à Corme-Ecluse.

L'abbé Pierre-Paul Monnier fit son cours complet de théologie au grand Séminaire de Mende. En entrevoyant la charge et la responsabilité du prêtre, il eut un moment d'hésitation. Il s'en ouvrit à un ami et la tentation se dissipa.

L'abbé Pierre-Paul se mit alors à lire avec passion la *Vie des Saints*, principalement l'histoire de l'apostolat de saint François-Xavier, et cette lecture enflamma tellement son âme, naturellement portée à l'immolation et au sacrifice, qu'il n'eût plus qu'un désir, qu'une pensée : Quitter la France pour se consacrer tout entier aux missions les plus lointaines et les plus périlleuses.

« O Jésus, mon bien-aimé, si je pouvais un » jour verser mon sang pour vous prouver ma

» tendresse!... Mon Dieu, mon Dieu, où » faut-il aller pour faire votre volonté?... »

Le Ciel lui répondit par la bouche d'un célèbre jésuite, le R. P. de Bussy, qui vint prêcher une retraite ecclésiastique au grand Séminaire de Mende, en 1834.

L'abbé Monnier n'eût pas plus tôt aperçu le P. de Bussy que son âme s'en alla vers lui comme l'âme de Jonathas vers celle de David, et bientôt le séminariste n'eût plus aucun secret pour le vénérable prêtre, qui devait le diriger jusqu'à sa mort, dans les sentiers de la plus haute perfection.

« Vous voulez être missionnaire, mon cher » ami, lui dit le Jésuite, et vous avez déjà » gagné le cœur d'un grand nombre de vos » amis, impatients de voler sur vos traces à la » conquête des âmes encore assises dans les » ténèbres de la mort... Eh bien, je connais » une contrée, en France, où chaque année se » perdent, faute de bras, les plus riches et les » plus abondantes moissons... Je viens de » prêcher une mission dans la Charente-» Inférieure... C'est là que Dieu vous appelle, » puisqu'il vous a placés sur le chemin de ma » vie, au moment où j'ai promis à l'évêque de » La Rochelle de lui trouver des ouvriers pour » sa vigne. »

Une lettre pressante, d'un vicaire-général

de Mgr de Villecourt, vint confirmer la parole du R. P. de Bussy, et alors l'abbé Monnier, qui n'était encore que sous-diacre, détermina un certain nombre de ses condisciples à le suivre dans la Charente-Inférieure.

Mais il faut d'abord prendre congé de sa famille. Il faut que l'ardent séminariste presse une dernière fois sur son cœur des parents, des amis qui l'aiment profondément, et cette séparation douloureuse brisa le cœur du lévite sans le faire renoncer à son généreux dessein.

Il fit ses adieux à sa famille, le 24 avril 1838, à 7 heures du matin, adieux touchants et d'autant plus poignants, qu'il était l'idole de tous ces cœurs qui ne vivaient que par lui...

Son frère cadet et un ancien serviteur de la maison l'accompagnèrent jusqu'à une certaine distance de la Falgouse, et bien lui en prit d'accepter leur compagnie, car le démon, jaloux du bien qu'allait accomplir le serviteur de Dieu, sembla vouloir lui barrer le chemin.

Arrivés à un plateau situé à peu de distance du village et parfaitement connu des trois voyageurs, ils se trouvèrent égarés dans les neiges par un brouillard très épais, et ils errèrent longtemps avant de se remettre sur la voie.

Le 25 avril, il quitta Marvejols à 10 heures

du matin, et, arrivé à Bordeaux, s'embarqua aussitôt pour Royan.

Sur le bateau, Satan lui réservait un nouveau combat : A peine y était-il installé qu'un voyageur l'aborda avec les démonstrations du plus grand respect. La conversation s'engage, l'abbé Monnier se montre tel qu'il est, franc, énergique, instruit, d'un caractère élevé, et bientôt, cette proposition lui est adressée à brûle-pourpoint : « Monsieur l'abbé, je voudrais » compléter l'éducation de mon fils unique par » un voyage autour du monde, et je suis à la » recherche d'un ecclésiastique assez instruit » et assez dévoué pour accompagner mon enfant » qu'il m'est impossible de suivre moi-même. » Soyez son mentor, et votre fortune est faite... » et j'ai assez de crédit pour vous procurer un » jour une situation qui dépassera toutes vos » espérances. »

Voyages, richesses, honneurs, tout cela était bien séduisant. Mais l'abbé Pierre rêvait la conquête des âmes, et aspirait à l'honneur de travailler, comme simple ouvrier, à la vigne du Seigneur... Son interlocuteur l'eût bientôt compris, et l'un continua sa route vers l'Amérique, tandis que l'autre débarquait à Royan, sans attacher aucune importance au sacrifice qu'il venait d'accomplir.

Il arriva à La Rochelle le 1er mai, à 8 heures

du soir, et fut reçu au grand Séminaire avec ses compagnons, par Mgr Duparc, qui leur fit le plus gracieux accueil.

Cette note a été retrouvée dans ses papiers : « Les vacances ont eu lieu le 9 juillet. Je suis » resté au Séminaire jusqu'au 23 du même » mois. M. Friou m'emmena à Saint-Jean- » d'Angély jusqu'à l'époque de la retraite » ecclésiastique. Ordonné diacre à Noël, j'ai » reçu la prêtrise au commencement du Carême, » et ma nomination de vicaire de Marans, où » je suis arrivé le jeudi, 28 février 1839. »

L'abbé Monnier resta à peine deux ans dans cette paroisse, où il révéla une grande force de caractère unie à un zéle d'apôtre. — Voici, nous écrit un ecclésiastique, ce que M. Chabot, curé de Marans, me dit un jour à moi-même, devant M. le Curé de N.-D. de La Rochelle :

« Votre excellent ami est le vicaire qui a » laissé les meilleurs souvenirs dans ma paroisse. » C'était un homme d'action et d'action réfléchie, il savait se faire écouter et respecter, » non seulement par les enfants de chœur, mais » par toute la jeunesse. Il s'acquittait avec une » admirable exactitude de toutes les fonctions » dont il était chargé. Par ses soins, l'ordre le » plus parfait régnait dans la sacristie et dans » les cérémonies. Les sœurs de charité avaient » pour lui la plus profonde estime, et les per-

» sonnes pieuses profitaient sous sa direction. » J'aurais bien voulu le conserver plus long- » temps, parce qu'il faisait et aurait fait encore » le plus grand bien. »

En France, pour faire la conquête du peuple, il suffit d'être brave. Or, le jeune vicaire de Marans risqua plus d'une fois sa vie pour le salut des âmes.

Un jour, on vint lui apprendre qu'une femme, en danger de mort, réclamait en vain les secours de la religion. Son mari, sectaire obstiné, avait juré de brûler la cervelle au premier prêtre qui oserait franchir le seuil de sa maison.

Aussitôt l'abbé Pierre embrasse son crucifix, fait le sacrifice de sa vie et s'en va rôder autour de la maison indiquée. Tout-à-coup, ô bonheur! il remarque qu'on a oublié de fermer la porte de la basse-cour. Sans hésiter, il entre, sans tenir compte des réclamations d'un domestique.

Le voici dans l'escalier conduisant à l'appartement de la malade, mais au moment d'y entrer, il se trouve face à face avec le propriétaire du logis.

Cette visite audacieuse stupéfia tellement cet homme, qu'il laissa pénétrer le jeune prêtre dans la chambre de sa femme, sans lui adresser la moindre observation. Son courage avait triomphé une fois de plus, et ce fait, connu du public, lui gagna d'universelles sympathies.

Les jeunes gens surtout l'écoutaient comme un oracle et le vénéraient comme un saint.

Un jour, on l'appelle pour donner les derniers sacrements à une jeune fille victime de la danse. C'était un dimanche soir.

A quelques pas de la maison de la pauvre malade, les violons et le démon faisaient rage et profit..... Que fait l'abbé Monnier ? Ce que ses confrères, sans doute, n'auraient pas osé, dans une semblable circonstance. Il pénètre dans la salle du bal, et, s'adressant à toute l'assemblée : « Mes enfants, leur dit-il avec » bonté, je viens réclamer votre aide pour une » affaire importante, daignez me suivre à l'ins- » tant. »

Et voilà qu'il conduit toute cette jeunesse au lit de mort de leur infortunée compagne, qui s'efforce de les éclairer, par son exemple, sur les dangers de la danse. La morale de cette pauvre malade fit grande impression sur tous ces jeunes cœurs, qui ne devaient jamais oublier le spectacle auquel le jeune prêtre les avait conviés.

Une autre fois, dans le temps du Carnaval, il allait visiter un malade, lorsqu'il rencontra dans la rue une troupe de jeunes gens masqués, qui, pour s'amuser, firent semblant de lui barrer le chemin.

L'abbé, loin d'être effrayé, va tout droit à

eux, et arrache le masque du premier qui lui tombe sous la main, à la grande joie de ses camarades qui s'empressent de lui faire place.

A son retour, un charitable bourgeois l'engageait à changer son itinéraire. « N'ayez pas » peur, cher Monsieur, vous verrez qu'il ne » m'arrivera rien de fâcheux ! »

En effet, les mêmes jeunes gens ne l'eurent pas plutôt aperçu, que, cessant leurs farces grotesques, ils le saluèrent tous avec le plus grand respect, à la profonde surprise des témoins de la première scène.

Mgr l'Evêque de La Rochelle ne tarda pas à le nommer curé de Dompierre, mais M. Chabot réclama son vicaire pour quelques mois encore, ce qui lui fut accordé.

Malgré de nouvelles instances de son curé, l'administration diocésaine appela irrévocablement le jeune vicaire de Marans au gouvernement de la paroisse importante de Corme-Ecluse.

Il y arriva le 14 décembre, et choisit pour célébrer sa première messe le 21 du même mois, fête de la Présentation de la sainte Vierge. « Fier de la puissante protection de Marie et » de la confiance pleine et entière que m'accorde » Mgr Villecourt, je vais entreprendre la réforme » de cette paroisse, avec la ferme résolution de » ne jamais reculer devant les obstacles, et ils

» paraissent devoir être nombreux. » C'est ce qu'il écrivait lui-même à un intime ami.

Le jeune prêtre aima Corme-Ecluse comme on aime une première paroisse, une première épouse, de toute son âme, de toutes ses forces.

Voici, du reste, le règlement qu'il se traça :

— Qu'est-ce que je suis ? — Prêtre du Seigneur. — Quelle est la vie d'un prêtre ? — Vie de prières et de sacrifices.

— Quelle a été la mienne jusqu'à ce jour ? Que sera-t-elle, pour l'avenir ? Avec le secours de la grâce, elle sera conforme à la volonté de Dieu, et se consumera pour son amour et pour sa gloire.

La sainte Vierge sera mon soutien. Où conduirai-je cette foule d'âmes rachetées au prix du sang de J.-C., et que Dieu m'a confiées ? Je les conduirai où j'irai moi-même, si je suis fidèle à ce règlement :

Article premier. — Je me lèverai à 4 heures et me coucherai à 9 heures.

Art. 2. — Je ferai trois repas par jour. Je consacrerai un quart d'heure au déjeûner et trois quarts d'heure au dîner et au souper.

Récréations.
- Un quart d'heure après déjeûner pour mettre de l'ordre dans mes objets.
- Une heure après le dîner et le souper pour lire mon journal ou quelque brochure d'actualité.

En voilà assez pour mon cadavre et peut-être trop dix heures et demie.

Il me reste treize heures et demie, que j'emploierai dans l'ordre ci-après :

1° A mon réveil, ma première action sera de tracer le signe du chrétien sur mon front, sur mes lèvres et sur mon cœur ;

2° Ma première parole, le nom de Jésus et de Marie ;

3° Ma première pensée de remercier Dieu du repos que j'aurai pris et de lui offrir toutes les facultés de mon âme et de mon corps pour les employer à sa plus grande gloire ;

4° Un quart d'heure après mon lever, je ferai ma prière avec attention ;

5° L'oraison suivra la prière jusqu'à 5 heures ;

6° Après l'oraison, l'étude de l'Ecriture-Sainte, que je ferai chez moi ou à l'église jusqu'à 6 heures 1/2 ;

7° Si après l'étude de l'Ecriture-Sainte il me reste un temps considérable avant la sainte messe, je prolongerai cette étude ou je réciterai mes petites heures ;

8° Un quart d'heure de préparation avant la sainte messe et autant d'actions de grâces ;

9° Aussitôt mon ouvrage terminé à l'église, j'irai déjeûner, et après ma petite récréation, je réciterai mes petites heures si je ne l'ai pas fait avant ;

10° Après mes petites heures, je ferai ma correspondance et je préparerai mes instructions, etc., faisant toujours ce qui est de mon devoir avant ce qui est d'agrément ;

11° Alors j'étudierai la théologie pendant une demi-heure, pour le moins, et si l'heure de dîner n'est pas encore venue, j'étudierai l'histoire et la géopraphie ;

12° Avant dîner, je lirai toujours quelques versets de l'Evangile ;

13° Après la récréation de 2 heures et demie, je

réciterai Vêpres et Complies, puis j'irai voir mes malades et faire une visite au T.-S. Sacrement ;

14° Aussitôt que le moment de réciter Matines sera venu, je me mettrai en règle sans tarder ;

15° Dans la soirée, je ferai une lecture de piété et je tâcherai de réciter le chapelet avant souper ;

16° Je souperai à 7 heures, à moins d'empêchement imprévu ;

17° Après la récréation du souper, je suppléerai à ce que j'aurais été obligé de renvoyer pendant le courant de la journée, ou je m'appliquerai à ce qui pressera davantage ;

18° Je lirai le sujet de méditation du lendemain à 9 heures un quart.

CHAPITRE III

Réformes opérées par son zèle dans la paroisse de Corme-Ecluse.

Un ecclésiastique capable d'observer de point en point un semblable règlement est nécessairement un saint prêtre, et il fallait en effet un vrai serviteur de Dieu pour déraciner les abus qui s'étaient glissés à Corme-Ecluse jusque dans la maison du Seigneur.

Un cultivateur sage et intelligent commence par arracher les ronces et les épines de son champ avant de l'ensemencer. Il s'évite, par ce travail toujours pénible, des déceptions, et se ménage une riche et abondante moisson.

De même, le nouveau curé de Corme-Ecluse s'appliqua tout d'abord à connaître et à déraciner les abus capables d'empêcher la parole divine de porter de bons fruits.

Le croirait-on ? L'Esprit du mal avait trouvé le moyen de glisser ses œuvres et ses pompes jusque dans l'administration du sacrement de baptême.

D'abord, les enfants n'étaient tenus sur les fonts baptismaux que le dimanche, et par des parrains et des marraines ordinairement jeunes, que suivait toute la jeunesse de la localité, violons en tête, comme pour la célébration d'un mariage.

Ces jeunes gens se réunissaient dans la maison du nouveau-né, pendant la messe, à laquelle ils se gardaient bien d'assister, et tout ce monde se présentait à l'église, avec des démonstrations bruyantes, au moment où les fidèles en sortaient.

La mère de l'enfant était souvent de la fête, et, par conséquent, les mois s'écoulaient avant le baptême, et le nouveau-né était exposé à mourir sans avoir reçu ce sacrement.

Le nouveau pasteur était trop zélé pour tolérer longtemps ce désordre.

Il commença par instruire son peuple, et sa parole lumineuse et persuasive montra bien vite à ses paroissiens les dangers auxquels ils exposaient volontairement leurs enfants bien-aimés.

« Déjà, M. B. C. F., je vous aime de tout
» l'amour que saint Paul portait aux âmes qu'il
» engendrait à la grâce, à N.-S. J.-C.... Je
» veux votre salut, le salut de vos chers
» enfants, et je serais bien coupable, si je me
» prêtais plus longtemps à une mesure qui com-
» promet le salut éternel de ceux que vous

» aimez plus que vous-mêmes. En conséquence, » désormais je ne ferai plus de baptême le » dimanche, à moins que l'enfant ne soit né » dans les trois jours qui ont précédé la » semaine. »

Il savait bien que, par ce moyen, les réunions nombreuses et d'autres inconvénients seraient évités. Les gens sensés approuvèrent cette mesure, mais il y eût bien des récalcitrants, qui essayèrent même de porter leurs enfants dans les paroisses voisines, mais ils n'eurent que la confusion de retourner à leur pasteur.

Il se montra alors plus difficile, interrogeant les parrains et les marraines sur les principales vérités de la religion, s'assurant s'ils savaient bien leurs prières, leur apprenant leurs devoirs et les refusant sans pitié si leurs réponses n'étaient pas satisfaisantes.

Ces mesures, pratiquées avec calme et fermeté, ne tardèrent pas à amener les plus heureux résultats pour l'administration convenable du saint baptême. Il exigea que les parrains et les marraines eussent fait leur première communion et finit par ne plus faire aucun baptême le dimanche.

Après les enfants, le zélé pasteur s'occupa des mères. Peu de femmes, avant leur délivrance, songeaient à sanctifier leur maternité par une bonne confession et une sainte communion. On en voyait encore moins se présenter à l'église, après le baptême de leurs enfants, pour la cérémonie des relevailles.

L'intelligent curé de Corme-Ecluse comprenait fort bien que s'il pouvait obtenir cette préparation de la part des mères de famille, il obtiendrait facilement le choix de bons parrains, la prompte réception du baptême et d'autres avantages. Il choisit la fête de la Purification de la T.-S. Vierge et de la Présentation de Jésus au Temple, pour en faire la fête des écoles, la fête des petits enfants et des mères chrétiennes.

Il ne pouvait offrir aux mères de famille un plus glorieux modèle que celui de la Mère de Dieu. Ce jour-là, chaque école faisait les honneurs d'un pain bénit. Les enfants se rendaient à l'église en procession, chantant des cantiques préparés pour la circonstance. Après la messe, M. le Curé récitait l'Evangile et bénissait paternellement chaque enfant après lui avoir fait baiser le crucifix. Les mères, heureuses et fières, apportaient leurs plus petits enfants jusqu'au pied de l'autel, sous le regard de Jésus et sous la main bénissante de leur bon pasteur. Cette fête, accueillie avec empressement, produisit toujours les plus heureux fruits.

Sa tendresse pour les petits enfants lui inspira bientôt un dessein qui reçut l'approbation de Mgr Clément Villecourt.

A cette époque, il y avait très peu d'écoles de filles dans l'arrondissement de Saintes.

A Corme-Ecluse, il n'y avait qu'une école mixte, où les garçons apprenaient eux-mêmes à lire aux petites filles, sans que les parents y trouvassent à redire.

L'abbé Monnier résolut alors de former des institutrices pour les paroisses de la campagne.

Mgr Villecourt, tout en lui prodiguant les encouragements, ne lui dissimula pas les difficultés qu'il allait rencontrer, soit pour trouver des sujets, soit pour obtenir le consentement des parents. Prévoyant aussi la mauvaise volonté des commissions scolaires, Sa Grandeur ordonna le plus grand secret à toutes celles qui se dévoueraient à cette œuvre, voulant que chacune se présentât aux examens comme agissant individuellement et sous sa propre responsabilité.

Deux jeunes personnes, appartenant à l'une des meilleures familles de sa paroisse, furent le foyer de cette œuvre, qui devait bientôt rayonner dans le département tout entier. Elles obtinrent leur brevet de capacité et ouvrirent aussitôt une école à Corme-Ecluse, malgré les obstacles qui leur furent suscités.

Leur réputation amena auprès d'elles d'autres jeunes personnes de leur condition, désireuses de suivre un si noble exemple ; Dieu bénit leur bonne volonté et leur fît trouver grâce devant leurs examinateurs, qui les accueillirent toujours favorablement dès qu'ils apprenaient à quelle école elles s'étaient formées.

Un jour, Mgr Villecourt se trouvant dans une paroisse du canton de Saujon, l'abbé Monnier lui présenta plusieurs de ses aspirantes et pria Sa Grandeur de les bénir : « Oui, cher ami, je » les bénis de grand cœur, et je remercie le bon » Dieu de vous avoir inspiré une œuvre qui » est la plus grande consolation de mon épis- » copat. »

Dieu seul connaît toutes les peines, tous les sacrifices que cette œuvre lui a coûtés.

Les premières qui furent placées dans les paroisses voisines réussirent au-delà de toute espérance. D'ailleurs, ces jeunes filles appartenaient toutes à des familles respectables ; plusieurs même, appartenant à la noblesse de la Saintonge, obtinrent leur brevet de capacité, ce qui contribua à mettre en honneur ces humbles fonctions.

L'abbé Monnier, après leur départ de Corme, ne les perdait pas de vue. Il leur avait donné un règlement pour elles et pour leur école.

Plusieurs curés, sans savoir au juste la part qu'il prenait à cette œuvre, lui demandaient des institutrices formées à Corme-Ecluse. Il fournit ainsi au diocèse un grand nombre de maîtresses d'école.

Le P. de Bussy, directeur de l'abbé Monnier, voyant que les vocations ne suffisaient pas aux demandes, voulait qu'il appelât des religieuses d'une maison du Puy-en-Velay. Il en parla à Monseigneur, mais à la même époque, un supérieur de petit séminaire prit l'initiative, et réunit un certain nombre de ces institutrices dans une maison qui se transforma en noviciat.

« Dès lors, l'œuvre marcha sous la direction » de personnes plus habiles que moi », disait l'abbé Monnier à un de ses amis. Mais il avait jeté le grain de sénevé.

Plusieurs de ses confrères lui ont reproché d'avoir abandonné une œuvre qui portait de si beaux fruits. Ils ignoraient que, sa mission remplie, l'humble prêtre s'était modestement effacé.

Le zélé pasteur attacha la plus grande importance à l'instruction religieuse des enfants. Le divin Maître avait dit : « Laissez venir à moi » les petits enfants » ; et, fidèle à cet appel, il avait voulu les lui amener, les lui conserver tous. Il préparait avec un soin minutieux toutes ses instructions, afin de les rendre familières à ces jeunes intelligences, de les mettre à la portée de tous. Il écrivait jusqu'aux moindres détails ; employait toute son industrie et donnait tous ses soins à ces jeunes âmes par lesquelles il devait régénérer toute la paroisse.

Lorsqu'il sonna le catéchisme pour la première fois, un seul enfant répondit à son appel, encore fût-il obligé d'aller le prendre par la main sur le seuil de l'église.

Peu à peu le nombre s'accrut, et il arriva un moment où les enfants, gagnés par la bonté de leur pasteur, firent d'incroyables efforts pour le dédommager de ses soins tout paternels.

Avant l'arrivée de M. Monnier à Corme-Ecluse, les enfants ne venaient guère à l'église qu'une quinzaine de jours avant leur première communion. Le bon curé exigea deux ans d'assiduité avant de les admettre à l'acte le plus important de la vie.

Il faisait le catéchisme régulièrement deux fois par semaine, le mardi et le vendredi, de grand matin, pour permettre aux enfants d'entendre la sainte messe et d'arriver à l'heure de la classe. L'exactitude était devenue admirable. Les enfants des hameaux éloignés, dans les jours les plus courts, se faisaient accompagner par leurs parents.

Lorsque, dans la belle saison, ils arrivaient dans le jardin du presbytère, ils trouvaient M. le Curé sur pied, que la nuit eût été bonne ou mauvaise pour lui. Il faisait l'appel et récitait son office, pendant que les enfants repassaient leurs leçons, ou rappelaient aux moins avancés les explications du catéchisme précédent.

Une personne qui a plus d'une fois assisté à ces réunions, rapporte que ces enfants faisaient des progrès incroyables pour faire plaisir à leur bon curé. Les surveillants s'acquittaient de leur emploi consciencieusement. Les derniers arrivés avaient pour pénitence de porter les bancs, du jardin à l'église.

L'abbé Monnier ne se lassait pas de prêcher à ces jeunes âmes l'amour de Dieu, la dévotion à Marie, le respect pour les choses saintes et la nécessité de se corriger de leurs défauts. Il leur disait souvent : « La première communion aura » lieu quand vous serez prêts ! » et ils savaient qu'il ne faisait jamais de promesses vaines. Aussi étaient-ils instruits.

Un étranger, après avoir assisté à l'un de ses catéchismes, disait : « Je n'ai jamais vu un si » grand nombre d'enfants répondre avec tant » de netteté et sans hésitation ; ce résultat n'a » pu s'obtenir sans beaucoup de peine et sans » une volonté persévérante. »

M. le Curé de Saujon, invité une année à présider l'examen de la première communion, disait après à quelques ecclésiastiques : « En » vérité, ce sont de petits théologiens que j'ai » examinés. »

Un de ses anciens enfants de chœur, étant

au grand Séminaire de La Rochelle, répondit à un examen, sur une question qui avait embarrassé plusieurs de ses condisciples. Et comme on lui demandait dans quel auteur il avait trouvé cette solution : « Dans le catéchisme de » mon bon curé », répondit-il.

Par ses instructions et ses exemples, il leur inspirait le plus grand respect pour le lieu saint; leur tenue était vraiment édifiante.

Il leur disait souvent que manquer la messe était un péché si grave, qu'une petite fille que ses parents avaient enfermée un dimanche, pour l'empêcher d'assister à l'office divin, sauta par la fenêtre, dès qu'elle entendit le premier coup de cloche, heureusement sans se faire aucun mal. Les parents de l'enfant ne résistèrent plus, dès lors, à la grâce.

Ainsi, les enfants lui donnaient de grandes consolations et de grandes espérances.

C'était surtout aux approches de la première communion que le bon prêtre se multipliait pour gagner ces jeunes cœurs à Notre-Seigneur Jésus-Christ. Confession générale, exercices de piété, exhortations, conseils personnels, tout était mis en œuvre pour purifier, changer, transformer ces âmes qui déjà avaient appartenu au démon.

Après la première communion, les enfants continuaient d'assister aux catéchismes jusqu'au renouvellement, qui n'avait lieu que deux ans plus tard, pour donner à tout ce petit monde le temps de s'instruire davantage.

Après les enfants, les jeunes gens appelèrent l'attention du zélé pasteur, qui découvrit rapidement l'obstacle qui les détournait des pratiques religieuses.

Le bon prêtre avait lu dans la vie du vénérable curé d'Ars un trait qui l'avait profondément frappé. Questionné par ce saint prêtre, le démon, forcé dans ses derniers retranchements, avait répondu par la bouche d'un possédé : « Le bal est le point central de notre » empire, une légion d'esprits infernaux forme » un cercle pour bien l'entourer. »

L'idée de sentir sa paroisse enfermée dans un semblable cercle le tourmentait et lui arrachait des plaintes navrantes. « Seigneur, disait-il » souvent, délivrez-nous de ce fléau ! »

Le bal était tellement passé dans les mœurs de Corme-Ecluse, qu'on choisissait, pour offrir le pain bénit de Noël, la meilleure danseuse, et ce choix était arrêté dans la nuit qui précède la fête, par les habitués des salles de danse.

L'abbé Monnier confia son chagrin à Mgr Villecourt, qui lui répondit de sa propre main, le 7 février 1843 :

« Le portrait que vous me faites de votre

» paroisse est bien celui que je m'en étais fait
» moi-même... Ce n'est qu'à la longue, à force
» d'instructions, de patience, et surtout de
» prières qu'on obtient le changement des
» dispositions que le démon a enracinées dans
» les cœurs. Une douceur inaltérable, quels que
» soient les égarements des pécheurs, finit tôt
» ou tard par leur faire impression. Il ne faut
» pas parler en public des bals de peur d'irriter
» la jeunesse et de l'éloigner. On les tolère
» dans les baptêmes et les mariages, on patiente
» pour les autres temps jusqu'à ce que la piété
» ait pris le dessus..... Les immodesties ces-
» seront insensiblement par la prudence et la
» douceur des avis. Encore une fois, vous ferez
» plus dans vos visites journalières au T.-S.
» Sacrement que par vos efforts. Je vous
» embrasse et vous bénis en Jésus et Marie.

» † Clément,
» *Evêque de La Rochelle.* »

Docile à la voix de son évêque, M. Monnier attaqua d'abord le bal par la prière, les larmes, l'aumône et les mortifications sous toutes les formes.

Hélas! le Ciel semblait d'airain. Ses efforts étaient stériles et il épanchait ainsi la tristesse de son âme dans une nouvelle lettre à Mgr Villecourt :

« Tous mes efforts pour convertir ma paroisse » sont presque inutiles. J'ai employé tous les » moyens et tous les jours surgisssent de nou- » veaux obstacles... Je sais que je n'ai pas » assez de piété pour opérer des conversions, » et c'est là ce qui m'afflige. Cependant, Dieu » sait que mon plus grand, que mon unique » désir est de sauver des âmes.....

» Je suis prêt à sacrifier ma réputation, s'il » le faut, et si je ne puis faire le bien, je ferai » ce que vous voudrez pour le préparer... »

Monseigneur s'empressa de relever son courage par de bonnes paroles, et sa lettre se termine ainsi : « Vous ferez bien d'être sévère » pour les bals de nuit, surtout quand ils » donnent occasion à des discours licencieux » et à des familiarités coupables. Donnez des » avis avec douceur et faites des exemples avec » discrétion... Le temps et la patience obtien- » dront ce que vous désirez... »

Il prêcha alors contre les bals, mais sans succès. Il reconnut alors qu'il se trompait de route et prit un meilleur moyen pour empêcher les désordres qui lui causaient un si profond chagrin.

La maison de ses institutrices fut ouverte aux jeunes filles de Corme-Ecluse, qui, après s'être formées au chant religieux, trouvaient auprès de leurs bonnes maîtresses tout ce qui est capable de distraire l'esprit et de charmer le cœur, sans offenser le bon Dieu.

Alors ces jeunes filles rivalisèrent de zèle pour la maison du Seigneur... l'église de Corme leur dut ses plus belles fleurs et ses plus riches garnitures d'autel.

Mais pour ne pas irriter les jeunes gens par cette conduite, il les groupa autour de lui, et chaque dimanche, son presbytère devint une espèce de conservatoire où la bonne volonté remplaça le talent.

Lorsqu'il eut sous la main toute cette jeunesse, le bal de Corme-Ecluse ne fut plus possible. Le démon essaya bien de temps en temps de le faire revivre, mais le bon prêtre n'avait qu'un mot à dire et l'ennemi était repoussé.

Un exemple entre autres. Un jour, il apprend qu'on va donner un bal chez une jeune fille. Aussitôt, la faisant appeler, il lui dit : « Mon » enfant, j'ai un service à te demander. » — « Volontiers, M. le Curé, je n'ai rien à vous » refuser. » — « Eh bien, tu empêcheras ce » bal. » — « Mais c'est impossible, les invita- » tions sont faites. » — « N'importe, ce bal » n'aura pas lieu, c'est entendu. » — « J'obéirai, » M. le Curé, pour ne pas vous affliger. » Et elle tint en effet parole.

Plus de vingt ans avant sa mort, les bals disparurent de Corme-Ecluse pour n'y plus reparaître de son vivant.

CHAPITRE IV

Epanouissement de la foi dans la paroisse de Corme-Ecluse.

L'abbé Monnier était prêtre depuis un an, lorsqu'il fut appelé dans l'Aveyron pour des affaires de famille. A Saint-Geniez, il eût l'honneur de voir pour la première fois Mgr de Frayssinous, auquel on le présenta comme prêtre rochelais. — « Y a-t-il de la foi » dans le diocèse de La Rochelle ? » lui dit l'auguste vieillard. Et comme le jeune prêtre, peu familiarisé encore avec les habitudes de la Saintonge et de l'Aunis, hésitait à répondre, le vénérable prélat, en homme expérimenté, lui fit ces deux questions : — « Le prêtre est-il » respecté dans ce pays-là ? Le culte envers les » morts est-il en honneur ? »

Ces deux questions, dont l'expérience lui a démontré la profonde justesse, firent sur l'abbé Monnier une impression ineffaçable et devinrent pour lui deux principes de conduite.

1° Respect au prêtre. — Quand un prêtre est vénéré dans sa paroisse, quand sa parole est écoutée avec respect, quand ses visites sont ambitionnées comme un honneur et une consolation, on peut dire que la foi pousse de profondes racines et pénètre dans les âmes. « Qui vous écoute m'écoute. » Dieu est le maître, la lumière et la joie de ces cœurs, qui regardent le prêtre comme un autre Jésus-Christ. *Sacerdos alter Christus.*

Mais si Dieu regarde avec amour une semblable paroisse, son bras vengeur ne s'armera-t-il pas pour punir les insultes faites à ses ministres? Les puissances de la terre se font un devoir de faire respecter leurs représentants. Le roi de France, pour venger une insulte faite par le Dey d'Alger à son ambassadeur, a pris les armes et fait la conquête de l'Algérie..... Et le Roi des rois ne prendrait pas la défense de ses ministres, après avoir dit dans l'Evangile : « Qui vous méprise me méprise ?... »

Pour inspirer à ses paroissiens une haute idée du prêtre, M. Monnier n'eut qu'à se montrer. Au bout de quelques années de séjour à Corme-Ecluse, le bon prêtre régnait sans conteste sur ces cœurs, qu'il façonnait à son image, pour la plus grande gloire de Dieu.

Les catholiques de Corme-Ecluse consultèrent bientôt leur bon curé dans toutes les circonstances graves de leur vie. Les jeunes gens eux-mêmes ne craignirent pas de lui confier leurs projets d'avenir, et tous ceux qui ont suivi ses conseils en ont éprouvé tant de satisfaction qu'ils lui ont voué une reconnaissance éternelle.

La veille du premier jour de l'an, toute la population en habits de fête se rendait au presbytère pour offrir à M. le Curé ses vœux de bonne année. Les petits enfants qui ont tous les droits, disaient tout haut ce que leurs parents pensaient tout bas, et avant de partir, tous, petits et grands, s'inclinaient sous la bénédiction du pasteur, heureux et fier d'être à la tête d'un tel troupeau.

2° Culte envers les morts. — L'abbé Monnier apprit à aimer les âmes du Purgatoire sur les genoux de ses parents, qui lui enseignèrent les moyens de les soulager, dès qu'il put joindre les mains et balbutier une prière.

Son père, à son lit de mort, tint ce discours à ses enfants : « Il y a trente ans que ma mère » est morte et je n'ai pas laissé passer un seul » jour sans réciter à son intention un *De* » *Profundis*. Vous vous souviendrez, vous aussi, » mes bien-aimés, de votre père... »

Au Séminaire, nous avons vu le jeune lévite travailler à la délivrance des pauvres âmes du

Purgatoire. Il ne devait donc pas les oublier, au saint autel, dans l'exercice de son ministère sacerdotal.

Corme-Ecluse était trop rapprochée des paroisses mixtes de la Charente-Inférieure pour avoir conservé une bien grande foi au Purgatoire que rejette le protestantisme.

L'abbé Monnier se mit alors à plaider la cause de ces pauvres âmes abandonnées ; il conduisit ses paroissiens sur la tombe de leurs parents et de leurs amis, fit vibrer tous les sentiments généreux, et bientôt il eut la consolation de constater qu'il n'avait point prêché dans le désert.

Il put, au bout de quelque temps, célébrer, chaque mois, le saint sacrifice de la messe, pour le repos des âmes du Purgatoire, surtout pour les morts de sa paroisse. Cette messe, annoncée au prône du dimanche précédent, fut très bien suivie. Chaque famille en deuil de Corme-Ecluse y envoya au moins un représentant.

Le produit de la quête et de l'offrande devait être affecté uniquement au soulagement de leurs chers défunts.

Quand l'abbé Monnier vit que cette dévotion était en honneur dans sa paroisse, il lui donna un développement nouveau en créant une pieuse phalange de personnes tout particulièrement dévouées aux âmes du Purgatoire.

Ces personnes, réunies par dizaines, remettaient chaque mois à un zélateur ou à une zélatrice la liste des bonnes œuvres qu'elles avaient accomplies à l'intention des défunts : communions sacramentelles et spirituelles, chemins de croix, chapelets, mortifications, prières sous toutes les formes.

Ces bonnes œuvres formaient un total surprenant et très édifiant. Que d'âmes soulagées, délivrées et portées dans le sein de la gloire éternelle par cet ensemble d'œuvres à leur intention. O prêtre de Jésus, ces âmes qui vous doivent le bonheur du Ciel doivent être maintenant votre plus belle couronne et votre plus riche vêtement de gloire !...

Le zèle du bon prêtre commençait donc à porter des fruits. Ses paroissiens tournaient enfin leur cœur vers Dieu, et, chaque dimanche, l'église s'emplissait de fidèles, prêts à écouter avec de bonnes dispositions la parole de vie.

Alors, pour attacher plus fortement les habitants de Corme-Ecluse à la maison de Dieu, l'abbé Monnier résolut de la parer avec amour. Hélas ! le pauvre curé allait entreprendre une rude besogne, mais son zèle persévérant devait renverser tous les obstacles.

A son arrivée à Corme, il avait trouvé l'église dans un état déplorable et la fabrique sans la moindre ressource. Son prédécesseur avait été

dispensé d'allumer la lampe du sanctuaire devant le T.-S. Sacrement, et Mgr Villecourt lui-même écrivait à l'abbé Monnier, au début de son ministère paroissial : « Les commence-
» ments sont toujours pénibles ; il faut que le
» ministère soit marqué du sceau de la croix...
» Patience, on ne fait pas tout en un jour...
» Je vous dispense d'allumer la lampe du
» Sanctuaire sur semaine, tant que la fabrique
» ne pourra pas suffire à son entretien. »

Il n'y avait, pour tout livre de chant, qu'un vieux missel qui devait être remplacé de toute nécessité, point d'étole, un calice boîteux, etc. L'autel, la sainte table et le confessionnal tombaient de vétusté.

Tous ces détails ont été trouvés dans une lettre de M. Monnier à un ami d'enfance.

Il fallut donc acheter des ornements et des vases sacrés pour offrir convenablement le saint sacrifice. Un autel fut placé dans la chapelle de la sainte Vierge, un autre dans celle du Sacré-Cœur avec les deux appuis de communion et les cinq statues qui décorent ces chapelles.

Le maître-autel et la sainte table furent achetés à Bordeaux, ainsi qu'un magnifique confessionnal. Après l'érection du Chemin de la Croix, les sacristies furent construites. Il fit faire aussi la tribune pour les petites filles de l'école et le chœur des chanteuses. Les bancs furent réparés et considérablement augmentés, ce qui créa des rentes à la fabrique, et enfin le pavé fut rétabli dans les endroits qui avaient le plus souffert.

Après l'intérieur de l'église, l'infatigable curé s'occupa de l'extérieur. L'antique et beau portail était en partie détruit par les années. Plusieurs figures hiéroglyphiques et même quelques chapiteaux ne se distinguaient plus. En 1860, il essaya de réparer des temps l'irréparable outrage, et réussit si bien, que son travail de restauration excita l'admiration de tous les membres de la société archéologique qui vinrent l'examiner.

On était loin du jour où la fabrique ne pouvait suffire à l'entretien de la lampe du Sanctuaire. Comment fit-il tant de choses merveilleuses sans contracter de dettes? Demandez-le à sa bourse personnelle qu'il épuisa pour l'ornementation de la maison de Dieu. Demandez-le aussi aux charitables personnes que son exemple entraîna dans la voie des sacrifices. Il fut, au reste, très bien secondé par les membres de la fabrique de Corme-Ecluse.

— « Et maintenant, M. F., dit un jour le
» bon prêtre à ses paroissiens, je dois vous dire
» que le bon Dieu n'est pas encore satisfait.
» — Jésus ne se plaît pas dans un tabernacle,
» quelle que soit sa beauté, quelle que soit la

» richesse des ornements qui le décorent. Jésus » n'est là qu'en passant, qu'en attendant le » moment de s'enfermer dans votre cœur, vrai » tabernacle où le bon Maître fait ses délices » d'habiter. — Oh ! qui refusera cette année-ci » d'ouvrir à Jésus la porte de son cœur ? Peu » d'hommes faisaient leurs Pâques lorsque je » suis arrivé parmi vous ; aurai-je la joie de » compter désormais à la Sainte-Table un grand » nombre de chrétiens sans peur et sans » reproche ? »

O bonheur, ô joies ineffables qui dédommagent le prêtre de tous ses sacrifices ! Soixante-deux hommes de plus que les années précédentes prenaient place au banquet sacré à la fin du Carême de 1869. L'appel du pasteur avait été entendu, et, dociles à sa voix, hommes, femmes, enfants demandèrent à Dieu le pardon de leurs fautes et la lumière pour les jours à venir.

Ah ! c'est que le charitable pasteur savait attirer et préparer les âmes auxquelles il avait consacré sa vie.

Lorsqu'il paraissait en chaire, sa haute taille, son air sérieux et son maintien recueilli, suffisaient pour attirer les regards et captiver l'attention. Ce n'était pas l'orateur fleuri et prétentieux, cherchant à revêtir ses pensées des artifices du langage ; c'était l'homme réfléchi, l'homme d'oraison toujours prêt à servir à son peuple une nourriture saine et abondante, fruit de ses méditations; c'était le père de famille dont il est parlé dans le Saint-Evangile qui sait tirer « de son trésor des choses anciennes et » toujours nouvelles » et qu'il savait toujours approprier aux différents besoins des âmes.

Sa voix forte et puissante, mais bientôt fatiguée, surtout dans les dernières années, se changeait en un son aigu qui s'harmonisait avec les échos du sanctuaire, et respirait une piété douce et tendre qui contribuait puissamment à toucher les cœurs et à y porter la conviction dont il était pénétré.

Pendant l'année, le digne pasteur instruisait régulièrement son peuple tous les dimanches durant la sainte messe. Il avait même établi un catéchisme de persévérance pour les adultes, et plusieurs personnes qui le fréquentaient et qui avaient fait leur première communion avant son arrivée, n'ont pas craint d'avouer que c'était à ce catéchisme qu'elles avaient puisé le peu d'instruction religieuse qu'elles possédaient.

Durant le Carême, il prêchait tous les jours de la semaine et deux fois le dimanche, le matin à la sainte messe et le soir. A cette époque, afin de mieux préparer les cœurs, il expliquait les grandes vérités de la religion, et instruisait ses paroissiens sur la nécessité de la prière, de la pénitence, sur le respect et la bonne tenue dans le lieu saint, afin de leur inspirer plus d'horreur pour les vanités et les plaisirs défendus, plus d'amour pour Jésus-Christ.

La loi de l'abstinence était méconnue dans la paroisse : dans ses instructions et ses catéchismes il ne cessait de la rappeler à ses ouailles, et bientôt il eût la consolation de voir plusieurs enfants s'en faire les apôtres dans la famille, et la loi de l'Eglise fut observée par cette généreuse population.

Aussi son église, trop grande dès le début, était-elle devenue trop étroite pour contenir la foule des fidèles qui se pressaient aux pieds de la chaire de vérité. C'est ce qui le détermina à établir la tribune dont il a été parlé ; de la sorte, il débarrassa les abords de l'autel, qui furent bientôt remplis par les enfants de chœur et les nombreux chantres qu'il avait su former. Aux doux accords des voix se mêlèrent le son des instruments, ophycléide, saxophone...., alternant avec le chœur des chanteuses, qui avaient voulu, elles aussi, chanter les louanges du Dieu de l'Eucharistie.

Il faliait voir alors la beauté des cérémonies de cette paroisse modèle. On venait de loin entendre la messe à Corme-Ecluse, que l'on quittait également ravi de la piété du pasteur, de la sagesse de ses vingt enfants de chœur et de l'harmonie des chants exécutés par de nombreux jeunes gens des deux sexes.

Mais c'est surtout au confessionnal que l'homme de Dieu se manifestait. Si les maladies qui s'attachent au corps humain sont nombreuses et provoquent la studieuse sagacité des médecins, pour en connaître la nature et la cause et pour y appliquer les véritables remèdes, combien plus nombreuses et plus difficiles sont les plaies qui attaquent les âmes. De là vient cet axiome théologique : *Ars artium, regimen animarum* : la bonne direction et la conduite des âmes, c'est l'art des arts, l'art par excellence.

L'habileté du confesseur consiste principalement dans la connaissance approfondie de la théologie dogmatique et morale et dans une judicieuse notion de la théologie mystique.

Or, il est rare de trouver dans un humble curé de campagne un homme aussi éclairé, aussi versé dans les matières de la spiritualité et aussi judicieux que l'était le vénérable pasteur de Corme-Ecluse. Les livres de théologie et les livres ascétiques faisaient presque sa seule étude. Il s'empressait de se procurer tous ceux qui pouvaient lui être utiles, et ces lectures profitaient étonnamment à son esprit réfléchi, à son jugement droit et à sa persévérance. Il demandait un jour à un intime ami quelle était la science pour laquelle il avait le plus de goût et le plus d'aptitude : on peut bien dire que son goût et son aptitude le portaient à la théologie. Il n'était pas homme à faire parade de ses connaissances théologiques, mais on s'en apercevait bientôt en conversant un peu longuement avec lui. Dans les conférences religieuses, ses confrères du canton de Saujon avaient eu plusieurs fois occasion de remarquer le bon théologien, et combien il savait appuyer son sentiment de solides raisons et d'autorités incontestables.

On comprendra, dès lors, pourquoi dans le tribunal de la pénitence, son ministère était si fructueux pour les âmes. Il avait pour principe de faire son possible pour rendre meilleures les personnes qui s'adressaient à lui, soit en retirant le pécheur du bourbier de ses mauvaises habitudes, soit en portant à une plus haute vertu les âmes destinées à la perfection. Et par les moyens qu'il leur indiquait pour devenir meilleurs, il attachait ses pénitents à sa direction avec une force extraordinaire. Une personne disait : « Lorsqu'on s'est confessé une fois à » M. le Curé de Corme-Ecluse, on sent le besoin » d'y revenir, de se corriger, de pratiquer la » vertu. »

Il avait, en effet, toujours des paroles efficaces et appropriées aux besoins de ses pénitents.

C'est au confessionnal qu'il excellait pour purifier, corriger et encourager. Mais quelle soigneuse attention, non-seulement à instruire sur la manière de bien faire l'examen de conscience, de découvrir les péchés, de s'en bien confesser, mais aussi à faire bien pratiquer les instructions données. Il fallait une attitude respectueuse, bien prononcer les paroles, suivre méthodiquement les commandements de Dieu, de l'Eglise et les péchés capitaux : à ces marques on peut encore reconnaître, dans cette paroisse, les pénitents formés par la main habile de l'homme de Dieu. Il était convaincu qu'on ne saurait assez faire apprécier, faire fréquenter les sacrements de pénitence et d'Eucharistie, qui sont comme deux sources abondantes placées dans l'Eglise catholique pour purifier, vivifier les âmes.

C'est surtout par le confessionnal qu'il exerçait la plus grande influence et qu'il parvint à déraciner les abus dont nous avons parlé. Telle était la confiance qu'il inspirait, que plusieurs fois certaines personnes, dans un moment d'humeur, ayant voulu s'adresser à un autre confesseur, se sentaient pressées de retourner à lui et de recommencer leur confession. Combien d'âmes pieuses des paroisses voisines se sont adressées à lui pour être éclairées, consolées et réconfortées.

Sa réputation comme bon directeur était bien reconnue par son évêque, surtout par Mgr Villecourt, qui le choisit plusieurs fois pour confesseur extraordinaire des religieuses placées dans les paroisses environnantes. Sa Grandeur aimait à prolonger à Corme-Ecluse ses visites pastorales; il aimait à s'entretenir avec son bon Curé, à lui parler de Marie Eustelle. Un ami intime, arrivé la veille pour la confirmation, trouva l'Evêque et le bon Curé se communiquant mutuellement une invention particulière de sténographie. Monseigneur voulut connaître le système de son Curé et apprit à celui-ci le système dont il se servait pour prendre des notes dans ses visites pastorales. Ces complaisances de l'illustre Evêque, qui fut plus tard revêtu de la pourpre romaine, prouve l'estime particulière qu'il portait au pieux abbé Monnier.

Le bon Curé faisait du bien même à ses propres confesseurs. Ayant demandé un jour à un ecclésiastique de vouloir bien l'entendre, il lui dit après la confession : « Vous m'avez sans » doute donné de bons conseils, mais je n'ai » rien entendu. Il est vrai que j'ai l'oreille un » peu dure : néanmoins, le confesseur doit se » faire entendre. » Il voulait que le confesseur sut parler avec autorité, *tanquam potestatem habens*, quelle que fût la qualité du pénitent.

Il était si habitué à considérer la haute mission du ministre de la miséricorde !

Il exigeait deux confessions préparatoires à la sainte absolution : il voulait que les jours qui s'écoulent entre la dernière confession et l'absolution fussent employés à se corriger des fautes que l'on avait accusées, afin de bien se préparer à recevoir le pardon, et il ne cessait d'insister sur ce point important. Si dans ses dernières années, il céda quelquefois sur ces deux confessions, vu ses nombreuses occupations et l'état de sa santé déjà usée, il s'en fit publiquement des reproches, lorsqu'il fit les adieux à sa chère paroisse.

Ainsi, restauration matérielle de l'église, cérémonies religieuses, pompes extérieures et recueillement des esprits, prédications, confessions, tout était mis en œuvre pour la gloire de Dieu et le salut des âmes.

— « Savez-vous ce que nous allons faire » maintenant, M. B. C. F., leur dit-il un » jour. Nous allons planter le signe de notre » Rédemption sur plusieurs points de cette » paroisse. » Le croirait-on ? La croix fit peur à Satan qui fit tous ses efforts pour ne point la laisser s'implanter dans cette commune. Elle ne put d'abord s'élever que sur les quatre parcelles de terrain achetées par le bon curé. Mais, par sa prudence et son habileté, une cinquième croix finit par être érigée solennellement sur le terrain communal. Ces cinq croix en pierre rappelleront longtemps aux habitants de Corme-Ecluse la foi et le zèle de leur ancien pasteur.

La piété a besoin de s'alimenter à tous les foyers de dévotion approuvés par l'Eglise.

C'est pourquoi M. Monnier crut devoir établir dans sa paroisse la confrérie du Saint-Rosaire et la garde d'honneur du Sacré-Cœur.

Les filles réclamèrent bientôt le droit de s'enrôler dans la congrégation des enfants de Marie, et la jeunesse des deux sexes fit partie de celle des Saints-Anges. Il ne donnait le scapulaire aux enfants qu'autant qu'ils l'avaient mérité par leur bonne conduite. M. le Curé leur avait si souvent parlé des avantages de cette dévotion, qu'une jeune fille, dangereusement malade, se désolait de mourir sans avoir reçu encore les livrées de la sainte Vierge : « Oh, si » j'avais reçu le scapulaire, avec quelle con- » fiance je me présenterai à la porte du Ciel ! » mais M. le Curé est absent ! »

Le bon curé, à son arrivée, se hâta d'exaucer son désir, et la pieuse enfant s'endormit contente dans les bras de Marie.

Les œuvres de la propagation de la foi et de la Sainte-Enfance furent aussi très bien accueillies dans la paroisse de Corme-Ecluse.

Mgr Villecourt et le Père de Bussy l'engagèrent à établir dans la paroisse la communion fréquente, qui répond si bien aux désirs de Jésus et aux besoins de notre cœur.

Tant d'occupations ne lui firent jamais repousser les âmes des paroisses voisines qui voulurent se placer sous sa direction.

Que de vierges il a données au Seigneur!... Que de mères de famille il a formées à l'image de la femme forte de nos saints livres!... Que de jeunes gens il a préservés du mal!... Honneur, amour, vénération au bon prêtre qui a su, dans si peu d'années, jeter dans les bras de Dieu un si grand nombre d'âmes!...

Dieu ne se laisse jamais vaincre en générosité. Il bénit son serviteur et lui ménagea pour sa vieillesse l'honneur de replacer sur le front de sa mère la couronne de Notre-Dame de Corme-Ecluse.

CHAPITRE V

Notre-Dame de Corme-Ecluse.

Le prédécesseur de M. Monnier, en lui vendant plusieurs objets, lui dit : « Il y a » dans ce tas de bois une vieille statue de la » sainte Vierge, mutilée et détériorée, qui m'a » été donnée ; j'allais la mettre au feu, vous » en ferez ce que vous voudrez, je vous vends » le tout... »

L'abbé Monnier était trop amateur des antiquités, il avait trop de respect pour tout ce qui avait servi dans le lieu saint, pour brûler sans réflexion cette statue. Il aima mieux la placer sur un piédestal dans son jardin.

Plusieurs années après, le cardinal Villecourt, alors évêque de La Rochelle, vint donner la confirmation à Corme-Ecluse. Il remarqua cette statue et voulut qu'on lui rendît compte de son origine.

Quelques vieillards, d'un âge très avancé, parmi lesquels se trouvait le vieux sacristain, se présentèrent devant Sa Grandeur et lui dirent que leurs ancêtres avaient toujours vu cette statue surmontant le grand autel de la paroisse, où elle était en grande vénération, et que, probablement, elle datait du onzième siècle, époque de la construction de l'église, qui porta jusqu'à la Révolution le beau titre de Notre-Dame de Corme-Ecluse, comme il est facile de s'en convaincre par la lecture des actes publics.

En 93, les révolutionnaires, après avoir profané les autels, renversèrent l'antique statue de la Vierge, tenant entre ses bras l'enfant Jésus.

C'est alors qu'un de ces misérables, armé d'un levier, frappa la statue et brisa au genou la jambe droite de l'enfant Jésus. Mais une femme, profondément affligée de ce sacrilège, demanda cette statue pour amuser ses enfants, ce qui lui fut accordé sans peine.

Aussitôt arrivée chez elle, cette femme, qui avait conservé la foi, enveloppa la statue mutilée dans un linge très propre et la déposa dans un vieux coffre, d'où elle dut la retirer bientôt pour la soustraire aux violences de son mari qui, plusieurs fois, voulut la jeter au feu.

La statue fut remise à une personne de confiance qui la donna plus tard à ses enfants.

Au moment de la profanation, la population saine de la paroisse fut vivement impressionnée, mais Corme-Ecluse étant restée de longues années sans curé, on finit par perdre les traces de cette statue, et l'on cessa peu à peu d'invoquer la sainte Vierge sous le vocable de Notre-Dame de Corme-Ecluse.

On raconta encore à Monseigneur que le malheureux qui avait osé porter une main sacrilège sur l'enfant Jésus, reconnut avec repentir le poids de la justice divine. Six mois avant sa mort, sous le ministère de M. Bérauld, il vit sa jambe droite, sans accident, se détacher, au genou, de son corps, et après avoir flotté quelque temps dans le lit, une femme trancha d'un coup de ciseaux le dernier nerf qui la retenait. On déposa ce membre dans une fosse creusée dans le jardin, mais le lendemain on le trouva sur le sol, enveloppé dans un linge; on creusa une fosse plus profonde et on l'y déposa; le lendemain, à la grande surprise d'un grand nombre de témoins, la jambe du malheureux se trouva de nouveau sur la terre, à découvert. Tous reconnurent dans ce fait le doigt de Dieu, qui n'attend pas toujours l'éternité pour châtier les sacrilèges, et le membre du coupable fut remis au sacristain qui était en même temps fossoyeur.

Tous ces détails furent donnés à Mgr Villecourt par plusieurs témoins oculaires.

Sa Grandeur dit à M. le Curé : « Cette » statue est bien détériorée, cependant je vous

» conseille de la conserver. Qui sait si un jour » on ne lui rendra pas un culte public!... »

M. Monnier retira la statue du jardin et la conserva avec un religieux respect, bien disposé à profiter d'une circonstance, si elle se présentait, pour faire bâtir une petite chapelle et y déposer cette statue.

Rien n'indique que le premier prêtre qui fut nommé curé de Corme-Ecluse après la Révolution de 93, M. Flury, ait eu connaissance des faits que nous venons de relater.

M. Bérauld fut nommé curé de la paroisse en 1830, et c'est sous son ministère que la statue de la sainte Vierge, découverte dans un vieux grenier, fut portée dans le presbytère. Mais le bon curé n'osa pas l'exposer à la vénération des fidèles à cause de sa détérioration.

Dans la plupart des sanctuaires de la sainte Vierge, les fidèles vénèrent des statues qui ont été cachées et inconnues pendant des siècles. Verdelais a trouvé la sienne dans le tronc d'un arbre, les flots de l'Océan ont apporté la statue d'Arcachon, Buglose a trouvé la sienne dans un marais, Bétharam dans la rivière, et Corme-Ecluse dans la poussière d'un vieux grenier. Partout on a fait bâtir des églises pour y déposer ces antiques statues et les offrir à la vénération des fidèles, et, partout, des communautés religieuses sont chargées du soin de ces sanctuaires.

Trente-deux ans s'étaient écoulés depuis l'arrivée de M. Monnier à Corme-Ecluse, et jamais l'occasion ne s'était présentée de réaliser les espérances que Mgr Villecourt lui avait données, et qui lui tenaient tant à cœur. La statue de la sainte Vierge attendait toujours au presbytère l'heure d'une réparation, qui, pour être tardive, ne devait être que plus éclatante et plus solennelle. Mais les fonds lui avaient toujours manqué pour réaliser le plus beau rêve de son long ministère. Il avait passé plus de vingt ans sans faire la moindre réserve pécuniaire. Toutes ses économies s'étaient fondues pour le bien de sa paroisse, pour la restauration de son église, pour le salut des âmes. Il ne possédait rien au monde que son pauvre mobilier, qu'on lui avait donné en partie.

Une personne charitable et inconnue lui fit alors cadeau d'une somme de 1,500 fr., avec prière de placer et de conserver cet argent pour ses vieux jours. Elle ne se doutait pas qu'elle n'était que l'instrument de la Providence, qui fournissait enfin au bon prêtre l'occasion de couronner toutes ses œuvres par l'érection d'un sanctuaire dédié à sa bonne Mère, comme il aimait à appeler la très sainte Vierge.

« O Marie, disait-il souvent, faites-moi vivre
» assez longtemps pour réparer l'outrage que
» vous avez subi sur cette paroisse. »

En 1874, l'abbé Monnier, après de longues prières et de sérieuses réflexions, prend le parti de se rendre à Lourdes, avec plusieurs de ses paroissiens, pour demander à la sainte Vierge de lui manifester sa volonté au sujet de cette construction.

A genoux devant la grotte de l'apparition, il adressa à la Reine du Ciel une prière qui dut toucher son cœur : « O Marie, ô ma Mère, vous » savez combien je vous aime, et combien j'ai » souffert de ne pouvoir, jusqu'à ce jour, vous » élever sur ma paroisse un sanctuaire expia- » toire..... Dieu veut-il, enfin, que je vous » donne ce magnifique témoignagne de ma » tendresse ? Oh Vierge sainte, je vous promets » de me mettre à l'œuvre :

» 1° Si l'autorité épiscopale, qui est pour » moi l'organe de l'autorité divine, approuve » sans difficulté le projet que je dois lui sou- » mettre ;

» 2° Si la population de Corme-Ecluse se » montre disposée à concourir à une entreprise » qui doit tant l'intéresser ;

» 3° Si l'on m'offre spontanément le terrain » que je désire pendant une de vos fêtes ;

» 4° Si je trouve les fonds nécessaires à cette » construction. »

Il dit, et Marie qui désirait être honorée sous le vocable de Notre-Dame de Corme-Ecluse, prépare les cœurs et aplanit mille difficultés. La prière de son dévôt serviteur sera exaucée, et le succès dépassera bientôt ses espérances.

Peu de jours après son retour de Lourdes, M. Monnier vit arriver chez lui un de ses paroissiens, qui venait lui offrir spontanément et gratuitement le terrain désiré, et qu'il n'eût jamais voulu céder à aucun prix et pour tout autre motif.

Cette entrevue avait lieu le troisième dimanche de septembre, jour consacré par l'Eglise à honorer Notre-Dame des Sept-Douleurs, jour providentiellement indiqué pour être la fête patronale du sanctuaire qui allait s'élever pour consoler le cœur de Marie d'un outrage qui n'avait point encore été réparé.

Le projet fut alors soumis à l'approbation épiscopale. Assurément, le serviteur de Marie, qui connaissait le zèle et la piété de l'éminent prélat, s'attendait à l'autorisation demandée. Mais quelle joie pour son cœur, lorsque Mgr Thomas lui annonça sa prochaine visite, promesse qui ne devait point être vaine.

Tous les habitants de Corme-Ecluse se souviennent encore de la belle fête organisée par M. Monnier, lorsque le vénéré prélat voulut lui-même bénir la première pierre de la chapelle dont il fut le premier bienfaiteur et le plus bienveillant protecteur.

Retiré dans son humble cellule, M. Monnier épancha longuement, aux pieds de la sainte Vierge, son cœur rempli d'allégresse : « Soyez » bénie, ô Mère de miséricorde, parce qu'ici » tout est votre ouvrage, soyez bénie et pour » les dispositions si bienveillantes que vous » avez inspirées au premier pasteur de ce » diocèse, et pour les bonnes paroles adressées » à mes chers paroissiens, et surtout pour toutes » ces bénédictions qui me semblent un gage sûr » de la protection divine !.... »

Après un tel exemple et de pareils encouragements, l'œuvre prit des ailes et avança rapidement. Le nouveau sanctuaire de Marie prend naissance, non parmi les grands et les riches de la terre, mais, comme à Bethléem, dans une bourgade peuplée de modestes cultivateurs, qui, ne pouvant offrir à la très sainte Vierge que ce qu'ils ont, le lui donneront au moins de grand cœur. C'est à qui s'inscrira pour des journées, des charrois, quelques-uns même offrent du bois, de la pierre ou autres matériaux pour la construction de la chapelle.

Cependant, tout cela ne s'accomplit pas sans peine. Le démon fit surgir des obstacles imprévus, qui auraient été insurmontables sans le secours de Marie.

Lorsque le moment arriva de commencer la construction, on chercha en vain, pendant un an, des ouvriers à Royan, à Cozes et à Saujon.

Il y eût un moment de découragement. Alors M. le Curé, habitué à vaincre les difficultés avec l'aide du Ciel, porta la statue sur le terrain où l'on devait bâtir, la fixa dans le tronc d'un chêne, et, tombant à genoux, pria la Reine du Ciel avec cette foi et cette confiance qui transportent les montagnes.

Presque aussitôt, les difficultés disparurent. On n'avait que 2,000 fr., et l'on commençait les travaux sur un plan qui en demandait 12,000, sans compter les frais imprévus.

Le bon curé avait frappé à bien des portes pour grossir son petit trésor, mais ses démarches n'avaient pas abouti.

Il comprit qu'il devait compter sur la Providence et ne pas s'inquiéter du lendemain : les fondements du sanctuaire furent jetés, et l'argent arriva à mesure qu'on le dépensait.

Les ouvriers, qui s'étaient bien vite aperçu de l'habileté de M. Monnier, le choisirent d'une seule voix pour diriger leurs travaux, qui ne furent terminés qu'au mois de juillet 1876.

Deux mois plus tard, les catholiques de Corme-Ecluse s'empressaient à l'envi de fêter Mgr Thomas, qui avait daigné se déranger une seconde fois pour bénir la chapelle et les trois cloches que M. Monnier avait fait fondre, deux pour l'église de sa paroisse et une troisième pour le nouveau sanctuaire.

Pendant qu'on bâtissait, un enfant de sept ans, pensionnaire chez les Frères de Marvejols et neveu du directeur de cette école, fut atteint d'une fièvre cérébrale. Bientôt le médecin ne laissa plus d'espoir. — « Le sauverions-nous, » dit-il, que son intelligence y resterait !... » Le bon Frère Firmin alla aussitôt prévenir les parents. A son retour, il rencontra le docteur qui lui dit brusquement : « Demain, nous » aurons un décès. » L'heure était avancée, le Frère Firmin bien fatigué. Il ne peut cependant se décider à prendre du repos avant d'avoir recommandé le petit malade à Notre-Dame de Corme-Ecluse, que M. Monnier lui avait appris à connaître et à aimer. « Vierge sainte, guérissez ce cher petit, et j'engagerai sa famille » à donner une somme assez importante pour » la construction de votre sanctuaire de Corme-» Ecluse. »

A quatre heures du matin, le directeur, oncle du cher petit malade, apprit au bon Frère qu'une amélioration sensible s'était opérée dans la nuit. Crainte de paraître trop intéressé à l'œuvre de Notre-Dame de Corme-Ecluse, le Frère Firmin garda le silence sur la promesse qu'il avait faite à la sainte Vierge. Le lendemain, l'enfant se trouvait à toute extrémité. Se reprochant d'avoir cédé à des considérations trop humaines en taisant sa promesse, le Frère

Firmin en parla au Directeur qui en avertit le père et la mère du petit malade. Ceux-ci promettent immédiatement 500 fr., à condition que l'enfant leur sera conservé avec toutes ses facultés. Deux jours s'étaient à peine écoulés, que l'enfant était sur pied et guéri sans convalescence. Quinze jours plus tard, l'enfant retombe malade, et le docteur déclare que cette rechute est sans remède. Au désespoir, les parents font aussitôt remettre au Frère Firmin 500 fr., avec prière de les transmettre immédiatement à son frère, M. le Curé de Corme-Ecluse. Deux jours après, l'enfant se relève et est guéri comme la première fois, sans convalescence, et ses facultés intellectuelles pleinement conservées.

Deux enfants du même établissement furent encore guéris par l'intervention de Notre-Dame de Corme-Ecluse, et les parents reconnaissants envers la sainte Vierge, envoyèrent chacun la somme de 500 fr. pour la construction de la chapelle.

Il y a eu bien d'autres grâces obtenues par l'intercession de la Vierge de Corme-Ecluse : on pourra les relater plus tard.

La chapelle terminée, M. le Curé fit lui-même l'autel et réussit au-delà de ses espérances. Il avouait naïvement que c'était plutôt l'ouvrage de la sainte Vierge que le sien, ne s'étant jamais occupé de semblables travaux.

Il obtint en même temps, du Souverain Pontife, l'insigne faveur de la portioncule, et les pèlerins commencèrent à affluer à Corme-Ecluse.

Les paroisses de Saint-Romain, desservie alors par M. Monnier, frère de M. le Curé de Corme-Ecluse, celle de Saujon, du Chay, d'Etaule, de Nieul, de l'Eguille, furent bien représentées dans la nouvelle chapelle, devenue trop étroite, puisqu'il a fallu, en 1885 et surtout en 1886, célébrer la messe en plein air, pour satisfaire la dévotion des deux mille pèlerins accourus aux pieds de Notre-Dame de Corme-Ecluse.

CHAPITRE VI

Dernières années de M. Monnier. — Sa mort et ses funérailles. — Vertus qui formaient sa couronne sacerdotale.

Épuisé par tant de travaux, l'abbé Monnier comprit qu'il devait enfin laisser entre des mains plus jeunes le gouvernement de sa chère paroisse, et c'est alors qu'il résolut d'accomplir un sacrifice vraiment héroïque.

Il se disposa à quitter Corme-Ecluse, témoin pendant 37 ans de son zèle infatigable.

Comment exprimer ce que son cœur souffrit au moment d'envoyer à l'évêché de La Rochelle sa démission de curé de Corme-Ecluse ?

Corme-Ecluse, l'unique épouse de sa vie... Corme-Ecluse, sa famille, la vigne arrosée de ses sueurs, le sillon ouvert par son travail persévérant, le champ de bataille témoin des combats de son zèle apostolique.

La vie est une suite d'adieux. Je n'en connais pas de plus déchirants que ceux d'un pasteur au troupeau qu'il a conduit pendant de longues années dans les gras pâturages du Seigneur. Il connaît toutes ses brebis et toutes ses brebis le connaissent. Et ce bercail tant aimé, il faut le quitter pour faire la volonté de Dieu.

C'est l'histoire de la passion douloureuse du prêtre qui ne doit pas être plus épargné que Jésus-Christ, son divin modèle.

« O mon Dieu, pour que le calice soit plus amer, j'irai, s'il le faut, cacher ma douleur jusques dans les montagnes de mon pays natal ! »

Le bon Dieu qui ne nous éprouve jamais au-dessus de nos forces devait se contenter du sacrifice accompli dans le cœur de son fidèle serviteur. La Très Sainte Vierge lui fit bientôt comprendre qu'elle l'avait choisi pour gardien de son nouveau sanctuaire.

Il se décida alors, malgré de nombreux obstacles, à faire construire une maison sur le terrain de la chapelle. La maison construite et sa santé de plus en plus délabrée par tant de travaux, M. Monnier demanda à Mgr Thomas la permission de consacrer ses derniers jours au service de N.-D. de Corme-Ecluse. Sa Grandeur accueillit favorablement sa requête et lui accorda même la faveur de la sainte réserve et le droit de donner plusieurs fois, dans l'année, la bénédiction du Très-Saint Sacrement.

Retiré dans la solitude, l'abbé Monnier, au lieu de jouir d'un repos bien mérité, conçut aussitôt le dessein d'orner sa chère chapelle, de ses propres mains.

Tous ceux qui ont vu cette décoration vraiment artistique, ont besoin d'entendre redire qu'ils sont en présence d'un travail exécuté par les mains débiles d'un vieillard épuisé de veilles et de fatigues.

— « Mais c'est merveilleux, répètent sans cesse les pélerins de Corme-Ecluse. Quoi ! c'est ce bon vieillard qui a sculpté ces cadres du chemin de la croix, le rétable de cet autel, ces niches, ce confessionnal, cette tribune, cette sainte table. Comment donc a-t-il pu exécuter un semblable tour de force ? »

Demandez son secret à la Très Sainte Vierge. C'est, en effet, aux pieds de sa bonne mère que M. Monnier a conçu tous ses plans. C'est dans la prière qu'il s'est réfugié pour demander la force, la persévérance, et souvent la lumière, quand sa main de septuagénaire se refusait à exécuter ce que son cœur avait rêvé pour la plus grande gloire de Marie.

Ainsi occupé, le bon prêtre, malgré des chagrins personnels, aurait attendu tranquillement la mort, si l'avenir de sa chapelle ne l'eût préoccupé. Après de longues prières, la Très Sainte Vierge lui donna la pensée de frapper à la porte d'une communauté religieuse. Il choisit des sœurs garde-malades pour continuer après lui l'œuvre du salut des âmes, tout en procurant aux infirmes les soulagements corporels.

Mais avant de les appeler, il alla trouver Mgr Thomas à Pons, pour lui exposer son projet que Sa Grandeur approuva sans réserve.

Deux religieuses de l'ordre de Saint-Dominique arrivèrent donc à Corme-Ecluse quelques jours après Pâques, en 1882, afin d'y étudier la possibilité d'un établissement.

Or, il n'y avait encore ni maison pour les loger, ni argent pour les nourrir.

Dans cette circonstance, la Très Sainte Vierge fut encore invoquée avec succès. Le bon curé acheta un terrain qu'on avait plusieurs fois refusé de vendre, et la maison qui s'y éleva bientôt aurait dû être terminée dans le mois d'octobre, sans les pluies abondantes de cette année, qui retardèrent les travaux.

Cependant trois religieuses arrivèrent le 17 octobre et s'installèrent provisoirement dans le village des Chaumes. Cette dernière construction lui causa bien des ennuis; elle se termina enfin et les religieuses en prirent possession dans les premiers jours du printemps.

Les débuts de cette fondation furent une source de croix pour le bon prêtre et pour ces bonnes religieuses. Mais après le Calvaire apparut le Thabor, et les nouvelles sœurs, justement appréciées et incapables de suffire aux demandes qui leur arrivaient de toutes parts, durent s'adjoindre deux compagnes. Aujourd'hui la petite communauté de Corme-Ecluse se compose de huit religieuses, et l'avenir n'a pas dit son dernier mot.

Ces humbles filles de St-Dominique deviendront populaires dans le diocèse de La Rochelle, parce que leur charité prend toutes les formes pour gagner les cœurs à Dieu. Rien de touchant comme leur activité dans la maison des pauvres malades. L'enfant peut leur demander des soins maternels, le vieillard infirme une piété filiale, la jeune fille une affection délicate et dévouée, et la mère de famille retenue sur son lit par la souffrance, se résigne à la volonté de Dieu, dès quelle voit apparaître leur robe immaculée.

Cependant le moment de la récompense approchait pour le bon prêtre.

« Depuis longtemps, écrit une religieuse de Corme-Ecluse, notre vénéré père, aux prises avec une maladie de cœur et atteint aussi par le diabète, se dissimulait son état, et malgré sa faiblesse, travaillait encore avec sollicitude à l'ornementation de sa chère chapelle. « Mon Dieu, disait-il souvent, faites-moi vivre assez longtemps pour terminer ce travail! »

» Oubliant ainsi ses fatigues et ses peines, ne se donnant aucun repos, il usa rapidement ses dernières forces.

» Le 23 décembre 1884, il dut garder le repos le plus complet et se priver de célébrer la sainte messe, privation qui lui causa un chagrin sensible. Cependant, la sainte Vierge, qui aimait à le traiter en enfant gâté, lui donna plusieurs fois encore assez de force pour dire la sainte Messe. Après une crise qui le mettait chaque vendredi aux portes du tombeau, il semblait, le samedi, revenir à la santé, et le dimanche il montait encore au saint autel.

Il célébra le saint sacrifice, pour la dernière fois, le premier dimanche de janvier 1885. Sa courte respiration et ses paroles entrecoupées attendrissaient tous les assistants. Notre père était préoccupé, il craignait de ne pouvoir terminer, consolation qui lui fut cependant accordée. Alors il voulut s'agenouiller quelques instants devant le tabernacle, mais ses forces le trahirent et il dut renoncer à son action de grâces. Debout au milieu du sanctuaire, il porta les yeux sur la statue de la sainte Vierge, sa bonne mère... son cœur parlait... Après une courte prière, il promena son regard autour de la chapelle, et la quitta enfin en disant : « Bonne Mère, que la sainte volonté de votre cher Fils s'accomplisse en moi... Ayez pitié de votre serviteur!... »

» Nous étions profondément émues et bien des larmes coulaient de nos yeux. Nous garderons toujours le souvenir de cette scène émouvante.

» Une nuit, se sentant plus mal, il fit appeler M. le curé du Chan, son confesseur, avec prière de lui apporter le saint Viatique et de lui donner l'extrême-onction. On fit aussitôt prévenir M. le Curé de la paroisse et quelques personnes dévouées. Pendant que nous préparions la chambre, il nous disait ce qu'il fallait faire pour mieux honorer notre divin Sauveur. Impossible de dépeindre son bonheur lorsqu'il vit entrer dans sa chambre le prêtre avec la sainte hostie ; son âme ne pouvait plus contenir ses transports, il ouvrit les bras et s'écria : « O Jésus, que vous êtes bon de venir à moi, lorsqu'il m'est impossible d'aller à vous ! »

« Après la messe qui fut dite à son intention, un certain nombre de personnes, sollicitèrent une dernière bénédiction, qui leur fut donnée avec joie.

» A partir de ce jour, la maladie fit des progrès effrayants, sans qu'il perdît un seul moment l'admirable sérénité d'une âme unie à Dieu.

Souvent il triomphait de la souffrance pour nous parler de Dieu et des choses du Ciel. Aimez Dieu, tout est là. Dieu, c'est la vie, c'est la joie, c'est le bonheur.

» Il nous disait aussi : « Lorsque je serai au Ciel, je n'oublierai pas ma petite communauté, et je tâcherai d'obtenir de la divine bonté toutes les grâces qui vous sont nécessaires. Mon dévouement pour vous se continuera toujours. »

» La mort fut douce envers lui. Il attendait paisiblement l'heure de paraître devant son Juge. « La sainte Vierge plaidera ma cause, j'ai travaillé pour elle, tout ouvrier mérite un salaire. »

» Dans la soirée du 22 avril, la sœur Saint-Augustin, arrivant de Marennes, s'informa de l'état de notre vénéré malade. Le voyant s'affaiblir de plus en plus, nous lui demandâmes encore de nous bénir. Sa langue épaisse pouvait à peine articuler quelques paroles et sa main tremblante ne put se lever sur notre front.

» Toute la nuit fut une suite continuelle d'invocations, de prières dont nous pouvions à peine distinguer le sens. Sa dernière parole fut pour la Très Sainte Vierge.

» A 4 heures du matin, le 23 avril, son âme brisa les liens qui la retenaient captive, si doucement que, malgré toute notre attention, il nous fut impossible de saisir son dernier souffle. Cette âme s'était retirée avec respect de ce corps qui lui avait été si soumis.

» Au même instant un des oiseaux enfermé dans une cage, et dans la plus complète obscurité, se mit à chanter pendant 4 ou 5 minutes de manière à nous ravir, si nous n'avions eu le cœur navré de douleur.

» Lorsque son frère Augustin, qui lui fut admirablement dévoué, pendant toute sa vie, lui eut rendu les derniers services, nous le déposâmes sur un lit de parade, revêtu des ornements sacerdotaux. Cette figure commandait le respect, comme elle l'avait toujours fait. Un prêtre me dit : « Je n'ai jamais vu une figure de mort plus belle, et plus imposante. »

Tous les habitants de Corme-Ecluse vinrent déposer aux pieds du défunt leurs larmes, leurs prières et aussi leurs souhaits. Plusieurs se recommandèrent à son crédit auprès de Dieu.

A l'heure de la cérémonie funèbre, dix-neuf prêtres étaient accourus pour conduire à leur dernière demeure ces restes vénérés.

A leur suite, s'avance la paroisse tout entière. L'église paroissiale est tendue de draperies funèbres, et, sur un superbe catafalque, le cercueil est déposé au milieu de l'émotion générale.

M. le Doyen de Saujon commence la sainte messe. A l'Evangile, M. l'abbé Rourit, curé de Corme-Ecluse, prend la parole pour rendre un hommage ému à ce vétéran du sacerdoce, dont il a pu apprécier les vertus.

Après la messe, le cortège se dirige vers la chapelle de Notre-Dame de Corme-Ecluse. L'enfant de Marie veut reposer auprès de sa mère et son cœur sera déposé comme suprême hommage aux pieds de la Vierge bénie, sa mère et sa souveraine.

Après une dernière absoute donnée par M. le Doyen de Cozes, le cercueil est descendu dans le caveau provisoire, préparé à la hâte dans les bosquets qui ombrageront la tombe de M. l'abbé Monnier.

O pèlerins de Corme-Ecluse, cette tombe deviendra sacrée pour votre cœur reconnaissant, et la fleur du souvenir s'y épanouira au milieu des témoignages de votre piété filiale !

L'abbé Monnier brilla par toutes les qualités qui font le bon prêtre. La note dominante de son caractère fut une énergie extraordinaire qui lui permit de mener toutes ses œuvres à bonne fin. Le secret de cette force de caractère était une grande confiance en Dieu et une extrême défiance de lui-même.

N'étant encore que vicaire de Marans, il fut prié de s'occuper de l'organisation d'une congrégation de jeunes gens. Il avait tout ce qu'il fallait pour réussir. Il crut cependant qu'on lui demandait plus qu'il ne pouvait donner.

Peu de temps après, il fut sur le point de fonder une maison religieuse, mais tout-à-coup son peu d'expérience l'effraya tellement qu'il abandonna bien vite ce projet.

Plus tard, quatre ou cinq demoiselles nobles de la Saintonge lui offrirent 150,000 fr., s'il voulait se mettre à la tête d'une œuvre de protection pour les jeunes personnes.

— « Après avoir bien réfléchi, dit-il lui-
» même à Mgr Villecourt, j'ai reconnu que
» Dieu ne m'appelait pas à diriger une œuvre
» qui est au-dessus de mes moyens et de ma
» vertu. »

Mgr Villecourt lui proposa la cure de Saint-Eutrope, de Saintes. Il pria humblement son évêque de le laisser dans sa modeste paroisse, et Sa Grandeur acquiesça à son désir. Deux fois encore, il refusa des cures inamovibles. La sainte Vierge avait sur lui d'autres vues.

Il avait rendu des services aux archevêques de Damas et de Naplouse, qui lui envoyèrent le titre de vicaire-général honoraire. Peu de personnes l'ont su avant sa mort. Ce titre, écrit en grec et en français, a été retrouvé dans ses papiers. Sa seule ambition était de faire aimer la sainte Vierge et de sauver des âmes sans bruit et sans éclat.

Bien des hommes tirent vanité de talents bien inférieurs à ceux de M. Monnier, qui sut plier son esprit et son corps aux travaux les plus divers et les plus minutieux.

Sa belle intelligence avait cueilli pour s'en nourrir tous les fruits de la science religieuse et profane. Non seulement il possédait admirablement sa théologie et son écriture sainte, mais l'arithmétique, la géométrie, l'astronomie, la géographie et l'architecture n'avaient plus de secrets pour lui.

Son cœur surtout était riche, parce qu'il était le tabernacle perpétuel de Jésus-Christ. Son ardente piété s'exhalait dans des lettres intimes dont nous avons respiré le parfum.

« Je ne puis presque plus retenir ma plume, » écrivait-il un jour à une excellente personne, » il me semble que cela me ferait du bien si je » pouvais écrire une lettre en répétant sans » cesse : Aimez Jésus-Christ; aimez Jésus- » Christ. O que je serais heureux, laissez-moi » vous faire cet aveu, si je pouvais crier de » toutes mes forces et être entendu de tout » l'univers : Aimez Jésus-Christ ! Aimez Jésus- » Christ ! »

Et, dans une autre lettre à la même personne : « Il faut aimer Dieu par amour pour » lui et non par amour pour nous. Alors tout » devient facile et agréable, parce que ce que » l'on fait par amour s'accomplit sans peine et » avec plaisir. »

Après Dieu, la sainte Vierge occupait la première place dans son cœur.

« Je vous recommande souvent à Marie,
» écrivait-il à une de ses pénitentes. Cette
» bonne Mère est toujours également compa-
» tissante... Aimons-la de tout notre cœur,
» nous ne saurions jamais l'aimer assez. Je
» vous laisse entre Jésus et Marie ; vous y
» serez bien..... »

Saint Bernard promet le Paradis à tous les dévots serviteurs de Marie. Espérons donc que M. Monnier a trouvé grâce devant Dieu et qu'il voit maintenant, dans le face-à-face de l'éternité, « la bonne Mère » qu'il a servie si fidèlement sur la terre.

Rodez. — Imp. H. de Broca, boulevard Ste-Catherine, 1.

www.ingramcontent.com/pod-product-compliance
Ingram Content Group UK Ltd.
Pitfield, Milton Keynes, MK11 3LW, UK
UKHW020346180726
13839UKWH00002B/949